Arbër Ahmetaj
Poezi

RL Books
2022

RL BOOKS
https://www.rlbooks.eu

Titulli: Poezi
Autor: Arbër Ahmetaj
Redaktore: Ornela Musabelliu

ISBN 978-2-39069-003-0

Copyright © Arbër Ahmetaj, 2022
RL Books mban të drejtat e publikimit
të të gjitha krijimeve në këtë vëllim.
Ndalohet riprodhimi në çdo formë.

Botuar me mbështetjen e
Revista Letrare
https://revistaletrare.com
dhe
ACC
https://albcc.eu

RL Books - Bruksel, 2022

Fatmirës

Dashuri në kishë

Në kishë flitet për dashuri,
për mëkate që falen!
Ti m'ulesh në prehër,
hapur si pupël e butë reje
nga rrezja.

Shoh burrin faqe pa rruar,
Birin e Virgjëreshës Mari,
rrëshqas në ty,
i kryqëzuar!

Kështu ecet drithëruar drejt besimit!

Pllakave të gurta
pikon dyllë prej qirinjve,
një libërth me haiku të vjetër kinez,
mbështjellë me beze,
si bibël,
zogj në kupolë
dhe arabë të hutuar.

Ne bëjmë dashuri në kishë,
se s'ka vend më të qetë,
në qytetin e sirenave.

Ti m'puth
e lutja ime kalon
përmes mushkërive të tua:
Oh Zot, të dua!
Dridhet ajri mbi altar,

burri i kryqëzuar
zgjat dorën,
më prek rreth kreje;
dridhem edhe unë,
derdhur brenda teje.

Më dhimbset Frojdi

...që nuk i shpjegonte
ëndrrat e bletëve,
as të pjalmit
në shpirtin e luleve.

Kur më shpërthen buza
e shpirti nga ëmbëlsia,
e di që po ëndërron,
me nektar e mjaltë;

ëndrrën e luleve për t'u thithur!

Flutura drejt teje

Nisesha drejt teje,
rrëzë mureve,
ku vareshin kulpra, lule, lastarë.

I nxehtë asfalti dhe kraharori flakë.

Ndalesha për një bozë,
birrë a limonadë.
Flutura më dilnin prej syve.

Qe stinë e thatë, pa shi.

Të njëjtën rrugë merrja në kthim,
numëroja puthjet, zogjtë,
hapat, pllakat në trotuar.

Dhe gjurmët e fëmijëve mbi bar.

Pylli

Pylli e hëngri qytetin ngadalë,
jo si qyteti pyllin,
vite më parë!

Qyteti erdhi nga fshati me sëpatë në krahë,
i hyri pabesisht,
natën,
dhe e preu në zemër.

Pylli priti derisa fshatarëve të qytetit
t'u kthehej malli i vjetër,
për sëpatën,
e t'i vërsuleshin drurëve në një vend tjetër.

Pylli e njeh njeriun,
pjellën e vet më të egër.

Nuk zemërohet ai asnjëherë,
veç pret e pret me durim,
hakmarrjen e tij të pashpirt,
të gjelbër!

* * *

Nga rënkimi pa ngjyrë i parfumit tënd,
rrëzohem bashkë me muret e rezistencës.
Lakuriq këputem, si qimet
nën tehun e briskut pa mend.

Kopshti i vjetër i luleve
merr frymë nëpër damarë,
si qerpikët e tu
me rrënjë në vesë.

Vdes brenda meje
besnikëria e ushtarit të paepur.
Mbi varrin e trishtë
ngrihet statuja e epshit të etur.

Statujë që dhemb
ajo e eshtrave të epshit!
Mbi rrënimin tim valëvitet pa ngjyrë,
vegimi rënkues i parfumit tënd.

Sprovë për një lirikë dhembshurie!

Në kokë - zukatje avionësh si miza të sëmura,
sillen mbi një pellg të tharë,
në trup - diej të zbehtë dhe zogj,
tulatur nën një qiell të shpërlarë.

Kollitje të thata si krisje kallamash,
kukurisje komandash prej kullash kontrolli,
petale metali të ndryshkura, që era i ndali,
nën thundrat e drunjta të një kaprolli.

Befas më fryjnë tërthor në kraharor,
shikimet e miklimet e një stine tjetër;
duart më dridhen: nga parkinsoni a emocioni?!
Siç gjethet e lajthishtës i tund një ketër.

Shkundem shpejt pas këtij hutimi,
kur ti shtron krifën e flokëve pas kreje,
ngjallem mes gjelbërimit si bungu i vjetër,
burrë me turrë plagësh nga gjuajtje rrufeje.

Prapë e bukur duket një flutur krahëkëputur
e bungu me trung zgavruar, i mbushur filiz,
ndonëse vitet pa mëshirë na heqin lastarë hijeshie,
si lulnajës së qershisë kur i bie kokrriz'.

* * *

Të gjeta ulur në oborrin e hënës
mes luleve që ujiste nëna
duke ofsharë prej dhimbjeve
nga supet të rridhnin ujërat e blerta të pyjeve

Me buzëqeshje i ndeze yjet e mbrëmjes
një për një
deri në qiellin e shtatë
në shtat e në shtrat

Dhelprat tufuan bishtat
e u fshehën pas zogjve
vrimave të fyejve u kthyen këngët
e agimit të parë
të etur i lëpimë pikat e vesës mbi trupat tanë
shtrirë mbi bar

Hëna në oborr e ne në oborrin e saj

Tash ulem e pres
mbështetur te kumbulla e vjetër
ndjej rrjedhën e tyre përvëluese
në prchër

Ish-të dashurave të mia të dashura

Jua harrova emrat,
mbiemrat ndoshta i keni ndryshuar,
jua harrova edhe ngjyrën e syve,
të flokëve po e po;
ka bojëra tani dhe sallone kudo.
Jua harrova adresat,
numra telefoni s'kishit atë kohë,
Facebook e *Facetime* jo e jo.
Mbanit përparëse shkolle e bishtaleca,
fjongo, jaka e bluza të bardha,
të brendshme pambuku
e mbajtëse gjinjsh të thjeshta.
Kishit erë të mirë vajzërishte
dhe skuqje faqesh,
lule nën lëkurë,
druajtje lastarësh që tremben,
nga pasqyrimi mbi ujë.
Jua harrova nishanet,
shenjat e akneve,
ditët e ciklit
dhe ngjyrën e pushit
mbi kodrinën përvëluese.
Por mbaj mend shijen e buzëve
dhe rrëzimin e kurmit tuaj,
diellin, yjet, hënën e trupat qiellorë,
që silleshin rreth shtratit tonë,
frikën nga bebet
dhe atë të kthimit vonë.
Ju tashmë jeni kalendar i dikujt tjetër,
unë jam për ju veç një kujtim i fjetur

(nuk thashë "i vdekur").
Ju betohem,
ju sjell shpesh ndërmend,
ikni e vini si shkëndija në tru,
përpiqem t'ju ndez, por shkimeni,
si imazhet pas qelqeve flu!

* * *

Kur isha ujk i ri
me gjak blu
(eh, ato ditë të largëta!)
mblidhja manaferra
në fund të rrezeve të diellit
aty ku piqeshin
majat e gjinjve të tu

I mbytur në dritë
me frymë ndizja shkarpa të lagështa

* * *

Kumbullat më kujtojnë gjyshen
dhe vjeshtat e fëmijërisë,
sytë e të dashurave dhe urinë,
diellin që ulej kodrave,
mëngjeset me lagështi,
reçelin, rakinë...

Kumbullat më kujtojnë
kokrrat e ënjtura mes këmbëve,
pas puthjeve pa fund,
ujin e turbullt,
të çmendur,
që s'derdhej
askund.

* * *

Mali me qiellin mbi supe,
fqinji im me qen përdore,
mëngjesi me zogjtë në sqep.

Autobusi i shkollës mbushet me cicërima,
lë pas vetes pak tym
dhe disa pleq.

* * *

Më buçiti zemra
kur vodha zjarrin e syve të ujqërve
për ty!

Buzë lumit që rridhte luginës së blertë
u përqafuam;
zjarri i ndezur e ne pranë tij.

Gjithçka kishte ndodhur!

Më lindi dëshira t'ia mbathja,
bashkë me ujqërit e mi të verbër,
të prerë në besë!

* * *

Hapua dyert çmendinave brenda teje
e le t'u shkojë stërpika,
deri mes flokëve të qiellit.
Në fund të fundit,
sivjet do t'i mbledhim shirat,
si atëherë kallëzat e kallur të grurit në gusht,
do i mbajmë në grusht,
t'ua japim harabelave
si fara drite nga sytë tanë,
që ta mësojnë më lehtë fluturimin.

Ti më çukit në faqe,
në buzë,
me buzë.

Hapi sytë, e dashur,
yjet duan të krihen,
të bëhen të bukur për hënën,
pastaj në gjumë do kridhen.

E dogje pranverën sivjet, gjinkalla ime e
tejdukshme!

Dy hënat e reja të gjinjve të tu,
pikojnë aromë ftonjsh të pjekur.
Bubëverat pikaloshe,
duan t'i ikin copës së fustanit,
nga frika e djegies, si unë.

I jemi afruar rrezikshëm
kraterit të vullkanit
- përvëlim -
të paveshur po vdesim,
siç lindëm.
Amin!

* * *

Me buzët
në majën e gjirit tënd,
dukem
si bletë naive,
që e ka humbur
qiellin.
Aty më merr gjumi,
në Udhën e Qumështit,
ti,
ujqërve brenda meje
u mësove
si të ndezin zjarr!

* * *

Nëse rrahjet e zemrës tënde,
nuk urdhërojnë rrotullimin e tokës,
yjeve u merren mendtë
e rrëzohen qiellit.
Ti e di, e dashur,
ciganët,
miqtë tanë buzë ujërave,
luten:
"Peshkun dhe dashninë e sotshme, falna o Zot!"
Luten edhe për ne:
"Jepu, o Zot, koka-kola, telefona të shtrenjtë,
Spitalin Psikiatrik dhe Ministrinë e Brendshme,
mos i lër, të lutem, pa policë e fatura,
se kanë harruar si jetohet
nën shelgje lotuese,
duke kërcyer zbathur pranë zjarrit,
në zallishtën e argjendtë,
tek ura".

* * *

Mes alpeve pres një hijeshi tjetër,
si burri që pret kthimin e gruas!
Penelopa ishte burrë i rrethuar nga gratë e
oborrit.
Odiseja: epopeja e gruas në luftë për lumturi!

Homerit të verbër ia kanë pështjelluar
personazhet,
përmbysur qiejt, detrat dhe imazhet!
Pastaj,
...asgjë!

Lodhen rrugët, i rrëzojnë përdhe burrat e
imtë.

Me diell e ujë ushqehen veç gratë
dhe bimët!
Dielli perëndon një herë në ditë,
gratë rilindin si vesa çdo mëngjes,
prej tyre lindin burrat,
të brishtë
e s'bëhen burra
kurrë.

* * *

U bëra mjeshtër vonë,
me vegla të vjetra,
gdhend nga pak
në trupin tënd,
me shpresë se gjenden
format e para
nën lëkurë.

Shtresë pas shtrese,
të hollova tepër.
Tashmë edhe ti
ngjan me një letër.

I lë mënjanë veglat e vjetra,
shkrimit i kthehem;
si lejlek i penduar
vizatoj një bebe,
një fole me degëza,
dy sythe yjesh,
mbi rrathë
gjinjtë e tu,
gabimin tim
dhe një pikëpyetje
sa Matterhorn-Cervin.
Pastaj...
shi mbi liqenin e mjellmave.

Kënga ime

Le të qajë kënga ime,
prapë do ta këndoj;
zog i egër me krahë të fortë.

Nxora nga balta një mjellmë.

Kjo është kënga ime,
e shpëtimtarit,
që nuk ia tregon mjellmës
emrin e vet!
Ajo s'duhet t'ia dijë për nder!

Një mjellmë e shpëtuar
është një hijeshi më shumë.
Një vdekje më pak;
kjo e pasuron jetën.

Zogj si unë enden rrallë qiejve,
toka është e ndotur nga tytat e zjarrit,
me shenjëtarë të sprovuar
na e këpusin jetën.
Me shumë zotësi!

Mbijetova sa për të shpëtuar një mjellmë
nga balta,
më vrisni pa u errur
nata!

Le të qajë kënga ime;
unë e këndova!

* * *

Pije edhe një gotë,
tavolina e kraharorit tim
rri shtruar deri vonë.
Dhe puthmë, e dashur!
Buzët e mia ke në vend të mollëve.
Një mushkonjë e hutuar i afrohet
gotës tënde
e pret të të pickojë.
Na kruhet të dyve.

Nata ka vdekur jashtë.
Një zog me yll në sqep
na bën dritë.
Muzika e zemrës tënde
më derdhet venave.
Presim veç
rikthimin e ditës,
që bën sikur vonohet.

Zogu e kapërdinë yllin
e fillon të këndojë,
një këngë njerëzish
në agim.

***

Pemëve
ua shoh molekulat e ujit,
rrezet e diellit nëpër qeliza,
uzinën e vogël të fotosintezës,
kripërat minerale,
pompat qelizore që prodhojnë oksigjen
dhe djersët në formë arome,
si vargje dashurie për fluturat!
Gëzohen kur shëtis nën to,
më flasin si një të afërmi,
ma njohin dashurinë!

Në vrullin e lumit
shoh etjen e tokave,
shtëpitë e peshqve,
llamba të ndezura diku!
Është miku im i ujët, lumi
bashkë me gurëzat shtratit të tij.

Mirëmëngjesi
djali i ujit, mjegullave dhe vesës së yjeve!
E di lumi se kush dhe i kujt jam!
E di edhe pylli,
me banorët e vet të panumërt!

Duke u moshuar më zvogëlohet trupi,
u afrohem përmasave të insekteve,
i këqyr në sy e ato më premtojnë duke qeshur:
Do merremi seriozisht me trupin tënd,
sapo t'na e japësh në dorëzim!

* * *

Bie shi,
ti tretesh nga pak dhe shkon drejt lumit,
ku pijnë ujë zogjtë!
Përmes lotëve të tyre,
derdhesh në pyll
e bëhesh pjesë e klorofilit,
e diellit!

Me dritë e me ujë bëhet klorofili
dhe vajzat si ti!
Gjethet bien në vjeshtë
e fshehin thesarin e ketrave,
që mbin në pranverë,
shpërthim filizash e lulesh.
I mbledh e vij tek ti një ditë marsi.
Shiu të lag e nis pjesë të tretura prej teje drejt
lumenjve.

Gjithçka nga e para.

Unë vij në fund,
thuajse i panevojshëm!
Por ti më do,
kjo më fut në cikël,
deshi, s'deshi Zoti!

* * *

Kishim errësirë me shumicë
për t'u fshehur,
verbuar.
Të gjeja me nuhatje.
Të puthja e qaja nga
trishtimi,
që s'të shquaja dot,
prapë i gëzohesha thesarit,
pa ia ditur vlerën.
As kur dilje në diell s'arrija të të shihja,
më verbonte drita e hijeshisë;
mbyllja sytë e të puthja nga larg, në terr!

* * *

Me vesë yjesh i mbushja sytë mëngjeseve,
pas ëndrrave erotike,
e shpërndaja si farë zjarri në sytë e vajzave,
me shpresë të shihja flakë!
Ato ndoshta më përqeshnin pas krahëve,
por nuk më bëhej vonë,
punën e bujkut të çuditshëm,
që hedh farë yjesh,
qiejve të syve të vajzave,
e bëja me pasion.
Edhe atëherë e dija që zjarri ndizet me fërkim
ose u vidhet fshehtas perëndive,
por Prometeu brenda meje
nuk ishte aq trim.
S'kuptoja pse s'më donin,
mua që i doja aq fort,
për to digjesha,
pastrohesha në një mijë zjarre,
ato më iknin si udhëtarit të vetmuar,
që i bie rruga natën nëpër varre!
Lypja tërfil me katër gjethe,
u fryja luleradhiqeve të leshta:
Më do, s'më do!
Burrë s'qesh bërë akoma,
Imago!

* * *

Shkoni te burgu i vrasësve
e hapni një klasë për mësimin e puthjes!
Dy minuta në ditë leksione
si t'i përdorin buzët;
të puthin murin, prangat,
tytën e armës së gardianit,
bythën e kolegut vrasës!
Të puthin gjurmët e fluturimit të zogjve,
jashtë hekurave të qelisë!
E kur ta kalojnë me sukses provimin e puthjes
hapjani portat e lirisë!
Nuk janë më të rrezikshëm!
Ndërkohë,
nxirreni puthjen nga burgu,
të ecë krenare rrugëve e sheshve!
Ndërtoni një monument me lule të freskëta,
të buzëve që puthen.
Hiqni nga sheshet shtatoret e burrave
vrasës apo të vrarë me armë!
Puthni njëri-tjetrin, fëmijët tuaj,
qenin apo macen e fqinjit,
pastaj
nga dritaret e hapura
do hyjnë puthje xixëllonjash, yjesh, ujërash,
një lulishte fluturash do marrë jetë në
kapilarët e zemrës suaj!
Shiu i lotëve të gëzimit do t'u japë shkëlqim
qiejve që flenë pas qerpikëve,
si pas një puthjeje!
Mos harroni:

hapni një klasë puthjesh te burgu i vrasësve!
Burgun e kemi brenda kafkës;
puthjet janë jashtë nesh,
të druajtura,
si viktima para vrasësit!

* * *

Grua e bukur,
e padashuruar,
është si të jesh majë mali,
ku askush s'do të ngjitet,
det ku kanë frikë të lahen!
E thjeshtë:
kështjellat e forta sulmohen
me afsh ushtarësh të pamposhtur!
Ata do të fitojnë një ditë,
do të të bëjnë rrafsh me tokën,
do t'i marrin gurët e çmuar prej mureve
e do ndërtojnë kasollet e mjera.
Mbrëmjeve do flenë me ëndrra gjahtarësh,
sikur të kanë futur në shtrat.
Molekulat e tua në gurë
do avullojnë
për t'u bërë prapë kështjellë,
majë mali, det,
grua.
Grua e bukur,
e padashuruar,
është e papranueshme,
duhet nisur nga e para.

* * *

Në ëndërr
m'u ule në një rruazë gjaku
mbi aortë,
si një mekanike
mikroskopike.
Me çelësa,
daltë e çekiç,
godisje muret e qelizave,
të më ndreqje pompat e vogla të natriumit,
që përcaktojnë rrahjet e zemrës.
Kimia e saj nuk ndryshon me vegla pune,
as me dinamit.
Mjafton të më thuash:
Puthmë!
Më mori malli!
Pritmë!
Mos ik!

Këto ma turbullojnë shpirtin;
prej përkëdheljeve dhe buzëqeshjeve të tua,
atomet e natriumit
nuk gjejnë vrimë
ku të futen.

* * *

Një milion zogj më fluturojnë syve
kur të shoh,
grua e bukur,
as e imja, as e huaja!

Fluturat kanë dëshirë
të mësojnë not,
i tremben hakmarrjes së peshqve;
prindërit e tyre shërbyen si kurth në grep.
Peshqit ëndërrojnë të bëhen flutura;
kanë kujtesë të shkurtër
ose s'kanë ndjekur asnjë leksion zoologjie.

Peshqit poshtë,
fluturat lart,
lumi në mes,
krimbat si kurth
i vjetër në grep.

Mjegull rozë mbi ujëra;
hijeshi kërcënuese!

* * *

Një kokërr kripe duhej ta hidhnim në zjarr
për syrin e keq.
Po putheshim në një Animal's Farm,
nuk ishim të barabartë me banorët e tjerë!

Shumë sy-plusknajë, të këqij, përreth!

Deti i kripur ishte larg!
Nga lëkura morëm kristale të thara djerse,
i dogjëm në zjarr!

Magji ka rreth nesh!

Gruaja

I
Askush s'është më e bukur se ti,
as dielli!
Patericat e padurimit tim
e vonojnë mëngjesin,
largojnë çastin me t'pa!
Në spital më thanë se ecja ime
s'do ketë më shpejtësinë e dëshiruar;
shkencë e çalë, oportuniste,
unë eci më shpejt se librat
e mërzitshëm të anatomisë patologjike.
Ti je më e bukur se dielli,
kjo nuk është shkencë,
kjo je ti!
Asnjë ekuacion nuk jep zgjidhje,
për padurimin tim me t'pa!

II
Gruaja ime e vogël,
njeriu im i madh
u nis.
Ia ndjej hapat një mijë kilometër larg.
Shkel nëpër rreze, brymë, pellgje, gjethe,
ecën nëpër ylber, merr polen nga lulet,
nxjerr diellin nga buzët e më puth.
Unë përkulem,
jo pse është më e shkurtër,
por se është grua!

III
Ndahem nga ty,
shoh veç diellin,
i dyti pas teje,
ti je e para,
që më ngroh.
Aq dritë s'gjej askund,
as që e kërkoj.
E thjeshtë është jeta ime,
pa matematikë, kalkulime,
zgjidhje të panjohurash iks, ipsilon,
nga shtrati në qiell,
një grua, një diell!
Dhe vdekja,
nëse kaq s'më mjafton!

* * *

Veç shiu m'i shtron flokët,
që do mbijnë nesër mbi varr,
do i çmendë lumenjtë e hutuar,
nisur drejt detit!
Ëndërroja të shihja ujëra që ngjiten;
veç ti u nise lart,
me një pranverë shirash
e ndale në zemër.
Një trumbë zogjsh e humbën qiellin,
m'u ulën në qerpikë,
me cicërima m'i puthën
fijet e pambira të barit
mbi mermer,
ku shkruhet:
Ngjaju ujërave,
por mos ec si to,
shko kundër rrjedhës!

* * *

Nën një qiell të ulët,
mbi kryq,
laget Tirana si një varrezë.
Mbi mure,
dekorime gjeometrike,
të ftohta si vizatime idiotësh,
spitale shoh në sytë e njerëzve,
veterinerë në sytë e zogjve.

Një vajzë e re në dritare,
luan me macen;
MORTAJA e minjve nëpër zyra!

* * *

Ti nuk i lë dimrat të m'i afrohen zemrës,
i tremb me xixëllonja
e aromë lule bliri.
Vjeshtën e fsheh në grushte,
ngjyrat e saj pikturon,
dy-tre zogj qiell të kaltër,
i ruan gjithmonë mënjanë për mua,
kaq më mjafton!
E thua e kam ende lëkurën
pikaloshe dhe qukat në faqe,
si atëherë,
ndërsa buzët si flakë shkrepëseje
i bëjnë dritë natës,
që e ka zënë gjumi
mes nesh.

* * *

Në vreshtin e zogjve
mblodha një tufë të ëmbël me cicërima
dhe gjurmë të bardha qielli
nga krahët e tyre
të lagur
nga bryma

I ruaj mes faqeve të një libri
që më pëlqen ta lexoj
kur më zihet fryma

* * *

Mbi çatinë e shtëpisë sime në kodër,
pushon qielli me diellin në prehër.
Pak para se të bëhet natë,
u jep gji yjeve me gjymtyrë të
thyera nga drita.

Unë rindez kandilin
nën dritën e të cilit shkruante Zija Çela,
në Helshan.

Në sallonin e shtëpisë mbi kodër,
vijnë miqtë e mi të paktë,
me nga një xixëllonjë,
si dhuratë,
për shpirtin që ofshan.

Yjeve u merren mendtë
e mbështesin ballin
në petalet e luleve të mollës.

Në mëngjes, miqtë shkojnë.
Pastaj vijnë fëmijët e shkollës.

Ka gjallëri te shtëpia ime mbi kodër.

absurdi

asnjë lepur
nuk qesh në shesh
sheshi i qenve
me gurë të shtruar
prej gurores
së qenve
me lesh e pa lesh
asnjë lepur nuk qesh
në shesh
tepsia e qenve
qaj e qesh

* * *

Të hyjnë thunxat e të ftohtit
deri në asht;
dimër është,
s'ke nevojë për koka-kola,
dyqind euro një shishe vodka
në Bllok.
Gazsjellësi Druzhba
nuk ta ndez çakmakun turk,
pi helm nën urë,
or mik,
shtrihu mbi shurrën tënde,
fli, vdis pa bukë:
sot, apo nesër?
I lirë je!
Vendos ku, kur,
mbi a nën urë?

* * *

Do më flasësh një ditë,
për krejt udhën tënde.
E di që do më plagosësh,
por kam nevojë për dhimbje;
mos ki mëshirë për mua!
T'kam lyp nëpër këneta,
nëpër sojë,
nën një diell çnjerëzor,
me zhugë kolektive
e nëpër supa preshi,
mes armiqve,
një armik student.
M'ike duarsh,
si ngjalë,
gjithë ajo hijeshi
ishte verbuese për mua.
Kisha lëkurë të errët,
nga mungesa e proteinave,
një çizme shëtitëse me sy jeshilë,
me shpirt të vdjerrun galaktikave,
një domate turshi,
një planet nën sqetull,
isha HI.

As ujë, as lumë, as shi,
vikamë e strukur nё gji.

Isha poet
e kjo ishte keq!

Qe kohë ushtarësh,
burgaxhinjsh,
frynte stuhi,
vinte duhmë e keqe
trupash të hutuar,
të harruar,
t'pushkatuar,
t'parfumuar mbi shurrë,
me një yll të huaj,
të rrasur në mish.

Kishte akoma peshk kinez në Tropojë
e dinamit
sovjetik
për trofta t'Valbonës,
kishte boll këlyshë kurvash,
si këlyshë qensh,
që këndonin në kor
këngën e kurvarëve;
ata ishin në krye,
u prinin të parëve.

Ushqeheshim me lakra,
me laskra,
visheshim zhveshur me lecka,
hijeshia ish shpallur e ndaluar,
kishte veç shëmti,
spitale
dhe njerëz të skaduar.
Lindëm para datës së duhur,
ishim a s'ishim njerëz,
as dhe, as baltë, as pluhur.

Trishtim qemë,
mbi këpucë të pjerdhura fitimtarësh,
shkëlqenim nën shtypje,
si asfalt;
merr frymë, mos merr,
hapi, mbylli sytë,
ec, mos ec,
ish veç një shpresë:
të lindje bimë!

Ti dhe unë ishim njerëz!
Kjo ish herezi,
krim,
lindëm e jetuam në një qytet-shtet,
as flutur, as krimb.

Asgjë s'na shpëton,
ka shkuar treni i fundit,
ushtarët i kanë mbushur tytat.
Lufta e ardhshme civile
do jetë e bukur,
e plotë,
e mrekullueshme,
do na fshijë nga faqja e dheut;
dhuratë e keqe do t'i bëhen dikujt,
të gjitha varret e atdheut!

Ja kështu dua të më flasësh,
pa pendesë, në muzg.
Ti je negativi i jetës sime,
gjithçka e përmbysur;
e bardha duket zi!

Laborator analizash të panevojshme je,
diagnozën e di,
do ta shqiptoj në buzë të varrit:
tullac i pandreqshëm,
me një buzëqeshje harruar zotash,
kancer në trupin e mendjen topolake të
botës!

E dashur,
çmenduria ime është e pazakontë!
E pashërueshme, rrjedhimisht;
kjo s'prish punë,
unë jam njeri pa flokë,
me rroba të modës së kaluar,
s'më pëlqejnë këngëtarët e dhjerë të Ballkanit,
me pak xhaz
pi çaj
e nisem me ulërima galaktikave.

Pas mbeten lotët,
hiri yt dhe ky tekst.

* * *

Ti e di ku lidhen nyje retë,
me një rrufe si kordele,
digjen planete e akullnaja,
shkrihet palca e mbesim pa bosht.

Asgjë nuk rrotullohet pa të!

Përmbysen ujërat
e zogjtë.
Blerimi e mbulon përkohësisht
Pluhurin.

Lulet nisen si batalion i bukur
drejt skuadrës pa helmeta.
Presin me durim të përdhunohen!

Ua kemi ngritur kurthin e pashmangshëm
luleve:
ose i shkelim me çizme,
ose i përdhunojmë me rregull ushtarak, me
listë,
me gjakftohtësi.

Ti më bëre tjetër njeri!

Një plazmë kozmike më mbështjell,
jam prej thërrmijash drite,
kur t'puth, digjem,
aq më mirë,
hi jam më i lirë!

Humus për embrione lulesh e yjesh.

Po rrallohet lëndina prej yjeve e qielli prej luleve!
Duhet të vdesë dikush!
Ngre dorën:
më kryqëzoni mua!
Askush tjetër nuk është kryqëzuar mbi një grua më të bukur,
hiri im mbush qiellin me hijeshinë e saj!

***

Ne bëhemi ata që kemi lindur,
mbijetesa sigurohet me kthetra:
sanduiçin dhe vërën e përditshme falna, o Zot!
Dinamitin që u vura themeleve të kishave,
e laga me lot.
Më detyruan;
s'isha aq efikas si minavënës,
më përjashtuan nga skuadra,
por prapë gjak ikonash kam nëpër duar!
Të gjithëve na duhej nga pak,
ndryshe thertorja s'do të ishte kurrë aq e
përsosur.
Lutu për mua,
ti që ishe fëmijë,
kur unë hidhja në erë gra të prajta,
të pafajshme,
vizatuar me naivitet mbi dërrasa ikonash.
Kryqin tim e mbaj vetë,
ty lutjet të mbeten,
të shpëtojmë çfarë mund të shpëtohet!
E do të puth aty ku do të varej kryqi,
nëse do ta mbaje,
në do t'më lejohet!
Do shkoj në qershor në Shkëlzen,
do u lutem zotave,
gurëve e ujit,
qiellit,
rrugës e kodrës së kishës,
pastaj do kthehem,
me vese, por pa brenga!

* * *

Ecën nën gjethe
e mbetesh shtatzënë nga klorofili.
Lind një pyll pas nëntë muajsh,
ulur mes ujërash u jep gji pemëve,
zogjve, fluturave.
Tjetër bote je ti!
Planetet të afrohen,
teleskopët bëhen të padobishëm,
pastaj bie shi,
qiejve të blertë të syve të mi.
E të shoh mes ujërave,
si gjethe vjeshte,
me të gjitha ngjyrat.

* * *

Diku larg një lorëz,
qan në degët e një gështenje
e bëhet vjeshtë më njëzetë e dy mars.
Anijet ankorohen porteve të heshtura,
kërcasin takat e një gruaje kryeulur,
rrëzë mureve,
zgjon maçokët e fjetur mbi tjegulla!
Ua prish ëndrrën për të kapur zogj!

Pak më tutje një barkorrëse tremb ëndrrën time,
lëshon përdhe gjithë blerimin e kodrinës,
ngjitur me kështjellën e paraardhësve të tu!
Ti princeshë,
je deti i flotës sime!
Pa ty s'arrij në asnjë port!
As që nisem drejt tyre!

* * *

Ti je kristal
me pak thepa,
sa t'më përgjakësh mua;
më mjafton si dhimbje.
Ndjej kryengritje mesdheut të trupit,
akrepi i vogël mbi akrepin e madh,
në fushën e bukur të orës!
Do mbjell trurin,
që të mbijnë yje të mençura,
pa flokë,
kështu të shoh më mirë
kur ecën me fustan veror.

Gurët e çmuar nuk hahen,
nuk digjen në motorë,
kalojnë nga njëra në tjetrën dorë,
si hijeshi ngushëlluese,
e i mbijetojnë të pastër
përdorimit.

* * *

Fryu erë e Buenës
e i zgjoi burrat nga gjumi.
Rozafës ia përkëdhelte gjoksin
një tregtar nga Venediku,
burri nuk ia kish çuar për gji birin!
Kurvari apo tregtari,
mbushte shishe speciale "Nestle"
me qumësht për bebet,
nga gjiri i ngrohtë i Rozafës,
e ia puthte,
se burri nuk i shkonte;
as Shekspiri, as Arbër Ahmetaj
s'kishin lindur,
veç legjendat dhe tragjeditë
sapo qenë thinjur.

Fryu erë e Buenës,
fryn e s'ka të sosur,
e s'heq dot as mjegullën,
as dhimbjen,
mbi një grua të murosur!

* * *

Erdha me kundërgaz
në takimin tuaj,
ku u mbajtën fjalime të vjellta.
Veç një grua e hijeshonte
sallën e hutuar,
si oborr burgu!
E bukur,
e krehur,
e huaj!

Burra me kapota të zeza,
me kollare Gabi,
me erë mole e librash sovjetikë,
pjerdhurina të një epoke
                kuadrosh të neveritshëm,
pa tru e pa yndyrë.

Më lehtë gëlltis një ton gozhdë,
se fjalimet tuaja.
Ajo grua e krehur më mbajti gjallë,
në sallë,
atë shihja,
dëgjoja shkrehjen e flokëve,
në dhëmbët e krehrit,
kryqëzova padurimin e natyrshëm
të gishtave të mi.

Ju lexonit fjalime me sintaksë
                    zinxhirësh e rropullish!

Nuk më kujtohet asgjë nga ato që thatë,
ishte një grua në sallë,
për fat!

Librat e mi të pashitur

...do t'ia kthej pyllit,
do t'i hedh si lule,
në lëndinën ku u shtrimë bashkë dikur
dhe krijuam me puthje
një njeri të bukur!
Para se të shndërrohen germat në yje
e celuloza në karbon smeraldesh,
le t'i lexojnë ketrat dhe zogjtë,
milingonat e fluturat,
e bufi ta shohë dritën e tyre natën,
si fërgëllimën e fosforit
mbi varreza.

Kështu vdesin bukur librat e mi të pashitur!

Ujqërit e mi

Tufën e ujqërve të mi e ruaj vetë!
Asnjë dele nuk mund t'u hyjë atyre pafajshëm
mes dhëmbëve,
asnjë kësulëkuqe
mes këmbëve.

S'do të mbajnë kurrë mbi kurriz,
turpin e krimit mbi qenie të prajta.
Ata do sulmojnë bariun e deleve
e burrat koqevegjël të kësulëkuqeve.
Ujqërit e mi,
vdesin urie e s'pranojnë t'i hanë,
as të lënë shtatzënë me dhunë
kësulëkuqe me shporta,
mbushur me fruta,
të buta,
për gjyshet.

Ujqërit e mi të egër,
të bukur,
sy jeshilë,
i ulërijnë hënës,
lëpijnë gjakun e plagës së vet
e ecin me mijëra kilometra
në këmbë,
pa pikë uji në gojë,
për të ushqyer fëmijët e vet!
Delet i therim ne,
për qejf
e kësulëkuqet i përdhunojmë,

në rresht, me listë!
Ujqërit e mi ndryshojnë,
ata janë të egër;
ne jemi thjesht të pistë!

* * *

E mora me pasion kryqëzimin.
Më duhej trupi yt,
për të shkëlqyer në këtë zeje përvëluese.

I varur në kryqin tim pa gozhdë,
puthitur me lëkurën tënde të roztë,
sy të panumërt nëpër terr, që na shihnin,
sy që kishin humbur kafkat
e ty të merrnin për diell,
aq dritë kurrë s'kishin parë!
Qe ferr a terr?
Jetonim si iriqë në ferra!
Kishte edhe të kënaqur, Sokrat të rrallë,
e shumë derra!
Migjenin ia faturonim të shkuarës, mbretit,
ne jetonim të ardhmen, që kurrë s'vinte,
si mesazhet e marinarëve të mbytur,
në shishet e hedhura detit!

Veç ty të kisha burim drite
e një planet,
që rrotullohej pa zhurmë
në xhep.

Mësuesi i trembur na thoshte
se edhe Skënderbeu ka qenë marksist!
Miladini komunist.
- Mos harroni shallin e pionierit, na porosiste:
E mbante edhe shoku Mao
            gjatë marshimit të madh!

Madje edhe Lenini trupvogël.

Asgjë nuk ishim,
as dushk,
as gogël,
veç gjuha jote në gojën time
ka ëmbëlsuar fëmijërinë;
të tjerat ishin helm, vrer.

Ti më fale një ëndërr, një shpresë,
si litar drite,
për t'u ngjitur deri në folenë e një zogu,
nga ku mund të shihja një kopsht me yje,
plot flutura, lule e kryqe të vogla,
varur mes gjinjsh të bardhë,
me mahnitjen e burrit që dëgjon xhaz
e sheh dritë për herë të parë.

Më the se
zogjtë me këngën më të bukur
i mbyllin në kafaz!
E mbylla gojën.

Ti je dëshpërimisht e domosdoshme!
Si fryma,
si vrapimi i kuajve.

Mos hidh rrënjë, globi im!
As mos u rrotullo!
Le të jemi një gabim i vogël kozmik!
Nga dashuria me mua
ke lindur libra;

një bibliotekë.
Kromozomet e mia janë shkronja.
Pasioni për t'u kryqëzuar
vinte nga bibla.
Nga librat.
Liria jepte shenja,
si prushi nën hi.
Çfarë është për t'u djegur,
do digjet. Qoftë edhe
Notre Dame de Paris.

* * *

Sytë ngulur maleve,
shihja gra tek zbrisnin prej hëne,
të mbështjella me dritë.

E shëtisnin të druajtura rrugëve të verbra të
trupit tim!

Tash lyp gjurmët e tyre,
në topografinë e lëkurës,
siç ndjek rrjedhën e ujit,
poshtë urës.

* * *

Në anën e pasme,
pa dritë të hënës,
si cub alpesh,
këmbëzbathur,
të mos i prishja gjumin yjeve,
lypa e gjeta një guvë.

Fsheha në terr nën gurë,
një letër me pak fjalë për ty.

E thellë errësira,
pa ngjyra
dhe pak gjak
në shputa.

Një dhelpër kozmike,
e zezë si futa,
me sy të ndezur,
pas planetit Mars fshehur,
më pa e qeshi:
- Marroku im!
E qeshi prapë,
ndërsa ikja me vrap.
- Sytë e grave
vërtet rrinë të kthyer nga
Hëna,
por asgjë s'i ndal para dëshirës
të puthen e të bëhen
Nëna!

Përkulet burri i Alpeve!

Përkulet,
përkulet burri i Alpeve,
mbi lule e liqene,
për më tepër përulet;
në gjemba bie në gjunjë,
si qengj,
burri i Alpeve,
me kocka kuarci.

Hijeshia e shpirtit e shtrin,
edhe pse duket aq kryeshkretë,
përkulet si qafë gjirafe mbi krua,
burri që, sipas letërsisë raciste,
e imagjinojmë me pushkë në sup
e emër të egër.

Përkulet,
përkulet burri i Alpeve,
kur kalon pranë një grua.
Besomëni!
Edhe pse s'bëhet fjalë për mua.

* * *

Këtë vjeshtë
si burrë i brishtë
hyra në lajthishtë
pa flokë
si ketër
vizatuar në letër
kërkova e gjeta
mbi gjinjtë e tu të bardhë
të ëmbël si dardhë
dy lajthi

Do kthehem prapë...

Një lot për ty, kapitenia ime

Po, kapitenia ime!

Jam batalioni yt,
me këpucët e lotëve lidhur
nyje në fyt!
Nisem për luftë,
shtrëngoj rripat e ofshamave
e s'ka plumb që m'ndal.

Asnjë statujë
s'ngrihet në shpirtin tim,
më lart se qeshja jote.
Ngadhënjimi i saj
e hijeshon shpirtin e ushtarit,
të bindjes!

Po, kapitenia ime!

Stërvitjet i bëj si luftë,
që betejën ta fitosh ti.
Ty shkëlqimi t'ka hije
e hija ime zhduket prej diellit
Tënd!

Këto janë lotët e fundit,
që derdh për ty,
kapitenia ime!
Batalioni yt elitë
rri i gatshëm,
me këpucët e lotëve

lidhur nyje në fyt.
Do fitosh ti!
Unë do stërvitem
për të tjera fitore të tuat!

Amin!

* * *

Më duhet më shumë kujdes
për zemrën
e dashur
janë shtuar banorët brenda saj
edhe sipërfaqja e pyjeve
numri i zogjve
dhe qiejt e yjeve
janë shtuar krojet
kuajt
dhe vrapimi i tyre
lumenj e liqene
mjellma
libra
metafora
lejlekë
e male ku shkëlqen bora
më duhet më shumë kujdes
për zemrën
janë rritur brenda saj
hartat e qyteteve
libraritë
shkollat
parqet e fëmijëve
hojet e bletëve
dhe sythet

Më duhet një kardiolog
por sidomos ti

* * *

Duhet të arrij tek ti, e dashur!
Në asnjë port nuk më pranuan.
Një dervish me leshra lëshuar,
më pëshpëriti në vesh:
Mëso t'u shesësh akull eskimezëve
e zall shkretëtire saharianëve!
Me gaz 'blije' Gazpromin,
shitu bunkerë e burgje shqiptarëve,
manuale torturash në Guantanamo!
Mëso t'i shesësh mend Ajnshtajnit
e përunjtësi Mahtma Gandit,
ose shit dashuri për palestinezët në Izrael
e vodka në Arabi Saudite.
Mëso ta bindësh Gëbelsin se Stalini nuk ish
aq i keq
apo Papën të shtojë në lutjen e tij:
"Zot, bukën dhe koka-kolën e përditshme
falna sot!"
Binde veten
se hëna s'është veç për ty.

Porti është i ëmbël për anijet që bëjnë udhë të gjatë!

* * *

Pak para se të mbërrish,
s'do t'i shohësh më gjurmët e asaj
drejt së cilës je nisur,
ato që të ndihmuan ta gjeje
rrugën në terr.

Mos u habit,
t'i ka hedhur duart në qafë
e po të puth.

Ja pse ti s'i sheh
gjurmët e saj mbi pluhur.

* * *

Po bie shi!
E di që po qan!
Shiu derdhet prej brengave të tua!

Shumë para teje kam qenë i ri
dhe ish vështirë!
As lot, as shi,
turp të qanin burrat!

E di,
zor të duket sot,
t'i ngresh qiejt që t'varen kraharorit
e t'i mbledhësh ofshamat.

Besomë:
Do t'ia dalësh edhe ti!

Për ty do ringjallem

Nuk më besojnë, e dashur!
Dhe s'kanë faj.
Më nisën në varreza me një turmë
dëshmitarësh;
I vdekur është! – u betuan të gjithë,
por te varri e lanë një togë
ushtarësh.

S'duhet të ngrihet, kurrsesi!
Urdhër i prerë!
Bie shi,
nën tokë.
Fryn erë!

Veç Ai është ringjallur!

Ti je shumësi i dashurive të mia!
S'më lejohet të ngrihem,
edhe njëherë me të puth.
Do rrija i qetë pastaj!
Në paqe me ushtarët e zymtë,
si kalë i harruar mes mjegullës,
në fushë.

Veç i kryqëzuari është ringjallur!
Dogma zhbëhet përndryshe.

Mëngjesi më gjen në krahët e tu.
Ushtarët të gurëzuar,
kukasin si qyqe.

Se janë varrosur qytetërime e poetë.
Edhe birra "Guinness" do harrohet një ditë.
Vdekja e kjo togë ushtarësh
kadetë,
s'më ndalin dot,
pa t'puthur e
pikë!

* * *

Pylli,
më gjakftohtë se unë,
hyn në mua,
me gjethe, rrënjë e trungje,
bletë e insekte m'i nis në tru,
zogj e cicërima në zemër,
lulet në sy,
rrënjët në thembër!
Pylli im gjakftohtë,
mbushet gjethe,
me klorofil më pllenon.
Burrë shtatzënë,
në këtë pranverë!
Vijnë shirat me sy të lagur
e ofshajnë dridhshëm mbi mua.
Pylli më ndryshon prajshëm,
më bën
Grua!

* * *

Një mijë zemra të panjohura
hedhin valle rreth asaj që të pëlqen;
në ballkon është ftohtë
e hëna pikon bronz mbi liqen.
Ka shumë dritë
e trafik.
Ti ke lëkurë me lule kopshtijesh,
ëndrrën e ariut për mjaltë në buzë
dhe pak shi vere në sy.
E ke edhe një "google map",
që t'mëson se si hyhet në Trojë,
por, ti e di:
festa merr fund
me plojë.
Ja pse nuk jepesh, rri jashtë
mureve, rrethuar nga ushtarë;
nuk do të hysh me hile,
nuk do të hysh në garë!
Se ti e di:
kush merr drejtimin e erës,
ka fatin e gjetheve të vdekura.
Kush ecën kundër saj,
ndoshta vonë, por
arrin në stinën e frutave të pjekura.

* * *

Prej të gjitha grave të zgjodha ty,
më të bukurën buzëmbrëmje
të përlotur,
se edhe lumenjtë qajnë kur hyjnë në det
Ela e xhazit thotë "cry me a river!".
Po!
E qaj një lumë me lot për ty!
Le të rrjedhë drejt teje,
se ti s'ke fund.
Lumi im qan
me t'i lujt mendt prej kreje.

I ftova zogjtë për darkë,
t'u flas për ty!
Qeshën me mua.
Një gotë shampanjë s'ma pinë:
- Fto yjet për të,
ndoshta të vijnë!

* * *

Kur t'vijë mbrëmja e t'më marrë malli për ty,
s'pyes për harta e për raketa,
për gravitacion, as shpejtësi drite,
i marr yjet që t'përkasin,
i fus në fildispanjë
e t'i hedh rreth qafës,
moj zemra ime bandite,
se jeta është njëra faqe,
tjetra e vdekur prej frike.

* * *

Të moshuarit tregonin një histori dashurie:
Një djalë e donte vajzën e zemrës,
gati të vdiste çdo minutë për të.

I mendoja minutat e djalit
të mbushura me projekte vetëvrasjesh!
Pak kohë mbetej për dashuri!

Të moshuarit tregonin një histori dashurie:
Një vajzë e donte fort të dashurin e saj!
U vetëvra natën e parë të martesës me një
burrë tjetër!

Mendoja sa pak ishte dashur
ajo vajzë,
nga një burrë kurrë s'qe prekur!

Të moshuarit tregonin një histori dashurie:
Një vajzë e një djalë u rrëmbyen e ikën në pyje.

Mendova se ata kishin jetuar një çast hënor,
duke humbur rrugën
nëpër yje.

Të moshuarit tregonin një histori dashurie:
Një grua e një burrë u martuan,
bënë shumë fëmijë e jetuan të lumtur.

Pa këto histori,
Toka do ishte pluhur.

* * *

Lagem në shi edhe për ty,
sepse drunjtë janë miqësorë me njëri-tjetrin!
Lëndinat i zgjedhin pemët,
ku duan të varen nëse nuk kulloten
e bëhen xheloze me rrufetë,
që s'bien mbi bar.
Veç vesa i pajton rreth mëngjesit,
i lag,
siç lagem unë në shi për ty.
Ti kujton që kjo është një këngë pajtimi.
Jo, është rrëfimi i pyllit,
që e hanë fëmijët e vet;
drurët që s'duan të zgjohen
me lëndina të varura në qafë.

Në pyllin e lagur luhet Hamleti:
"To be or not to be",
në të njëjtin lumë lahem dy herë
e më lag dyfish i njëjti shi:
njëherë për vete,
pastaj për ty.

Ti zgjohesh nga gjumi,
si medaljon i dielltë në qafën time!
Ka edhe një varrezë rrufesh
rreth shtratit tonë.
Ec me kujdes;
unë lagem edhe për ty,
këpus litarë
e shpëtoj jetë lëndinash.

Pak bar
na duhet më vonë;
varret me dhe
duken si shtëpi milingonash
e s'mund të jenë për ne!

* * *

M'i përmbyt lëndinat e shpirtit,
kalojmë një pas një qiejt e dridhjeve,
të humbjeve,
ngjitemi mbi degët e cicërimave,
bëjmë dritë e rrëzohemi në pluhur djersësh,
në parfum ofshamash.

Ti je Nili im!

Piramidë e rrënuar mrekullisht
jam unë,
hija jote në pluhur!

Ti më shkel
e unë bëhem vjeshtë
e Alpeve.
Dhjetë vjet luftë janë pak për ty,
njëqind vjet janë festë!

Të vjetrit e Homerit,
s'njihnin një grua si ti;
kishin pak imagjinatë,
Troja e tyre ishte si fermë në Teksas.
S'dinte Homeri që kishte akullnaja
e gra që i shkrijnë prej dritës së hijeshisë.

Ti je më e bukura pemë,
që bën hije mbi mua!

Nganjëherë ngjan me një drenushë të kaltër.

Të duket se po flas përçart?

Se ti ende nuk e ke kuptuar si të ndjej:
si mungesë,
të prek si pikël vese,
shtrihem pranë teje
e avulloj,
e shoh në ëndërr buzë e petale lulëkuqesh,
thërrmija yjesh,
copëza liqenesh,
shtresa të buta bari
e vrapime kuajsh.

Të prek të plotë,
ashtu siç je: të bukur!
Si ujëvarë të rrjedh brenda
e marr formën tënde!
Stërkala dielli, krahë fluturash,
brirë të kaltër drerësh,
fyej zogjsh, pikëla vjeshte mbi gjethe
e një shkrehje e prehje brenda teje duke të puthur!

Ti në mos më bëfsh poet, pacient psikiatrie
patjetër!

Të dua!
Edhe pse është ftohtë
e bie shi virusesh
apo shiringa vaksinash e plumbash,
vota të vjedhura,
parada me raketa e akullore.

Stinë e përzier shpirt,
ka mbirë bar në Sahara
e bëjnë plazh arinjtë polarë.

Të puth: është kryevepra!

Të jem larg teje është krim planetar.
S'ka gjykatë ndër yje që më merr në dorë!
Çështje e mbyllur: Ky burrë duhet puthur!

E di?
Askund nuk shkoj,
kur s'vij tek ti!

Kaproll i hutuar prej hënës!

* * *

Qielli s'ka krahë.
Mbi cicërima rrëzuar,
veç një yll e bën të dukshëm,
si faj të vjetër,
për një puthje të dështuar.

Nata i fshin lotët me një varg poeme,
hyjnë e dalin zogj
në ëndrrën e një peme.

Fryn erë
e m'i lëkund metaforat.
Zogjtë lodhen,
bletët flenë,
lulet kërrusen si muzgje.

Në inventarin e paktë të lumturive të mia:
liqeni dhe mjellma,
lulet,
mjalta e yjeve,
syri i zogut
dhe druajtja e vjollcave,
që të ecin në lëkurë,
gjithçka që ka aromën tënde,
sekonda që përkulet si urë,
deri tek ti më sjell
veç djersa e pyjeve!

I zemëruar jam si në krye të herës!
Nuk më pëlqejnë as kisha, as Koperniku,

ndaj i bie me grushte mureve dhe derës,
e urrej atë gjethe fiku të turpshme
mes kofshëve të Evës!

Dielli s'është në qendër,
rreth fshehjes së bukur,
sillet burri i tutur,
i hutuar
si flutur.

Gruaja e dashur është në mes të mesit,
pastaj vjen marsi me shi
dhe një diktim për pikën mbi i.

Mbrëmjet,
kur s'jam me ty,
u ngjajnë vjeshtave barkëthata,
shterpa pa shi,
si të ishte dielli në qendër
e jo ti!

Asgjë s'është e sigurt shpirt,
si jeta e yjeve,
aq më pak besnikëria,
deri dje - verbëria e hijeve,
as loja e fëmijëve.

Koperniku është fajtor,
por,
sa të jesh ti,
s'do ketë qendër tjetër,
luledielli i zemrës

do ndjekë dritën tënde,
si në sistemin e vjetër.

* * *

U nisa nxitueshëm drejt teje,
doja të të shihja me çdo çmim!
E kisha të domosdoshme!

E magjishme koha që kaluam bashkë!
Statuja puthjesh nëpër kopsht gjithandej,
disa vareshin nëpër degë,
të tjera mbinin barit.

Jemi larg deri sa të vij!
Koha ecën me paterica.

Dole të më prisje te stacioni i trenit,
me një këmishë të lehtë blu, plot me cicërima.
Ti vetë je një partiturë cicërimash!
Lulet që të kisha sjellë,
u skuqën nga turpi para hijeshisë tënde
e shampanja i humbi bulëzat e freskisë.

Vjeshtë, shpirt,
pemët zhvishen
shpejt e paturpësisht.
Sa mirë!
Sc më pengonin të të shihja
krejtësisht.

S'di pse kërkoja një stacion autobusi
në rrugën e cigareshitësve.
Më thanë se ndalej ku t'i ngrihej shoferit.
Nuk e lypa më;

ti do më gjeje edhe në pyjet e Filipineve.

Veten s'e gjeja dot,
trupi s'më kthente përgjigje,
rrinte si gur i lagur,
jashtë meje.

Po kur të isha vetëm me ty?
A do vinte trupi me mua,
të paktën si peshë në xhep?

Se i trembem fluturimit me ty,
mbetem pa peshë,
s'ulem dot në degë!

Në degë, shpirt, e këndoj një këngë për qiellin,
për blerimin e për një shi,
që e ruaj në bankë nëse më mbarohen kursimet.

Tash edhe shirat na i japin me kredi!

Veç lumi m'i njomë buzët e zhuritura,
pas puthjeve me ty.
Valbonën e fëmijërisë sime
e futën në arkivole tubash plastike,
s'rrjedh më gurësh poshtë nën hije ahesh,
pishash e bungjesh.

Ja kështu edhe limfa ime trembet nga pak
prej diellit tënd.

Truri më dhemb!

Shëtitëm nën drithërima drurësh!
Të këqyrur rreptë nga sy muresh.

Veç kur gjendem në prani të lëkurës tënde,
mbyllet spitali i brejtjeve të mia,
hyj në kopshtin e parfumeve skizofrene,
plot re rozë e lule të bardha.

Kur ikën ti,
më luhatet burri brenda vetes,
si dordolec në ara.
Ta shpif një burrë i lëkundshëm,
apo jo?
Gjithsesi mbetet njeri
e jo traktor entuziast,
për të fituar gara.

E di që ma fal, se më do!

Më kujtohet që të thashë:
ti je e fundmja hijeshi e jetës sime
shpirtërore!
Ti je gruaja që dua!

Një ujk të vdekur pash në ëndërr...
te një krua.

* * *

Lëkurën time e këputi malli
U tha në pritje
Pa prekje

Gjithë kjo etje!

Këngë e keqe dimri

M'ka kapur një frikë
Siç të shpon një thikë
Ti ke me ikë!

Në gjoks më dhemb hëna
Si t'i kish qoshet të ngrëna
Ti s'do të rrish brenda

Më rrjedh në tru një Danub
I turbullt, i ngathët, si plumb
Ti nga sytë po më humb

M'duket e harrove bregun tjetër
Ku të ulur në një bar të vjetër
Më shkruaje me puthje një letër

S'ta shoh në sy lindjen e yjeve
Vjeshtën, as pranverën e pyjeve
Ti shpirtit tim s'u bie më fyejve

Ky dimër po mbjell akull arterieve
Po ngrin në faqe lotët e drerëve
Ti po largohesh si dielli pas reve

Shkon një mjegull ultas mbi tokë
S'shihen trungje e degë mbi kokë
Bryma e ngrirë më thinj në flokë

I shqyhet partitura zogut në rrem
As këngë, as vaj, as vrem
Ti po i largohesh shpirtit tem!

* * *

Mjegulla mbi tjegulla
Rrëshqet mbi pjergulla
E më tret krejt pa trajta
Në ty
Një jemi
Jo dy!

E s'kemi kohë kote
Pa puthje
Në këtë ndërfutje
T'pashpirt
Idiote
Se rrjedh pa dredha
Lumi i sekondave të pashpirta
Kah deti
Hatri më mbeti
Se s'ndale te djepi
Aty ku lindi drita
Mbështjellë
Me shpirtra
Kishë kristali
Në sytë e mi!

* * *

Bie shi poshtë shojeve të këpucëve,
më lagen këmbët e mendimeve!

Shikimi yt i thyen
vazot antike në oborrin e muzeut.
Krejt asfalti i udhëve të botës
bëhet si ujërat e Egjeut.

Ti i rri larg këtij peizazhi,
grua ari, gdhendur në një kokërr gruri!

Hije të plasaritura planetesh
dremisin të shtrira pluhurit,
rrëzë një muri.

Më duhet një lloj politike
ose njohje në gjeometrinë e rrëfenjave.

Pak talent në skalitjen e ujërave,
në parashikimin e rrjedhjes
së përrenjve.

Përndryshe do mbetem si habi
e lëvizshme, pa cak.

Si shkop i shtrembër,
që endet,
andej nga duhej të shëtiste një plak.

Kështu u themelua ndërmarrja e parë e pikëllimit!

Ditën kur një grua
s'e ktheu më kokën pas.

Si hënë e trishtuar
përplas
patericat e zemërimit
guroreve të qiellit.

Jap shpirt nën shi,
ulur mbi rrjedhën e lumit,
me ujëra të marra cicërimash.

Të shoh tek largohesh,
duke qëndisur pilivesa
me penj vetëtimash.

I dehur jam

Kam pirë shikimin e buzëqeshjet
Pushin e skuqjes së faqeve të tua
E dridhjen e pyjeve të qerpikëve

I dehur jam, këmbët s'më mbajnë

Shoh vrapime kuajsh në ëndrra
Shi mbi bar, thundra, lundra
E lule që iu kënaqën stërpikëve

I dehur jam, këmbët s'më mbajnë

U ulërij qyteteve si ujqërit hënës
Me një tufë qensh ndjehem njeri
I pistë, i lodhur, por leh i lirë

I dehur jam, këmbët s'më mbajnë

Për ku jam nisur, s'e di
Kështu kam ecur gjithmonë
S'arrij askund e kjo më deh

I dehur jam, këmbët s'më mbajnë

Ka udhës varreza lulesh, bletësh
E pyje të pushkatuar
Këlysh akullnajash të tredhur

I dehur jam, këmbët s'më mbajnë

Funerale planetesh, qiejsh, sysh
Gjunjë të gjakosur e lot fëmijësh
Me trasta urie duke bredhur

I dehur jam, këmbët s'më mbajnë

Të puth ku s'thuhet në letër
Nga vrasës të hutuar
Vdes si burrë i pushkatuar pa faj

I dehur jam, këmbët s'më mbajnë

Ishe vjeshta ime e frutave
Gjetheve dhe shtegtimeve
Ndaj qaj e qaj, ndaj qaj e qaj

I dehur jam, këmbët s'më mbajnë

* * *

Rrëzohen muzgjet e spitaleve
mbi kodrina të buta,
pas tyre morgu,
varret më tutje.
Zgjedh supin tënd,
të vdes mbi një puthje!

Natë

Nata ra,
mbylli sytë.
Unë s'mundem:
po shoh një mrekulli,
po t'shoh ty,
e ambla ime!
Njeri
si frymë lulesh!

* * *

Bëhet dritë
ndjej si zogjtë hapin sytë
për të parë
në një garë gazmore
rrahje krahësh

Gjethet duartrokasin
ujërat rrjedhin

Ke një shpinë të mrekullueshme, shpirt
luginë e magjishme me mjegulla rozë
m'u ndal fryma tu e këqyr
ja kështu hutohem i magjepsur një hop
mbytur në një detaj
e ti je e gjitha thurime hijeshie
sa më bën të qaj
të dukem si idiot

Shoh lugnajën e shpinës tënde
ngritje-uljen e vitheve të mrekullueshme
hyrjen time në ty
e më duket vetja në galaktika përvëluese

Ti je një grua hutuese

Rrëzohen hëna prej shpatullave të mia
e shpall se s'ka shtjella të tjera planetare
që pështjellohen më shumë se shpirti im

Shiu i yjeve që dukej i përkohshëm
u shndërrua në qytet plot drita verbuese

* * *

Kur puthem me ty
qiejt përmbysen brenda meje
çmendem
shoh shpirtra të larë
ulur në bar
buzë ujërave
tek prekin me shputa
trupa si fruta të buta
këputur nga tuta
prej sqepit të një korbi pa dhëmbë
shpirtrat e bukur ngrihen në këmbë
në kërkim të trupit tënd
heshtin kryeulur
në dhimbje e pritje të kotë
se s'ka as në këtë
as në tjetrën botë
një grua kaq të hijshme
thurur me habi rrezesh
e avujsh rozë
ka veç kollitje e rima me psikozë

Ti mbretëresha ime
e shpirtrave mbi bar
luan e qesh,
lagesh e rreh flatrat si fluturat
në sytë e fëmijëve
që bien në dashuri
me shikim të parë

Më del çmendja

eci udhës
si makinë burgu
lirinë time e ke ti
si puthje të varur buzës

* * *

Me etjen e kuajve në sy
nisem drejt lumit
që je ti
e mbush enët e gjakut
me avuj blu

* * *

Burrë me shumë dritare
më gjuajnë me gurë
rrugaçët e qytetit
kur jam përgjumshëm

Po u thye një qelq
s'lyp xhamandreqës
të nesërmen herët në mëngjes
mbush xhepin rruma lumi
e i thyej krejt

Gërmadhë kristalesh të trishta
është më mirë
një dritare me qelq të thyer
m'tregon burrë pa dinjitet

* * *

Mos më çliro prej saj, o Zot:
e dua atë grua!

Kur niset drejt meje,
pemët përpiqen t'i shëmbëllejnë,
buzëqeshin si fëmijët në gjumë.

Unë shndërrohem në luledielli:
kthej kryet prej saj!

Kthjellohen ujërat e lumit brenda meje,
luspat e troftave më rrëzohen mbi faqe;
më merr në gji.

S'më vjen keq që s'jam më lumë!

Për asgjë s'më vjen keq!
Veç i lutem Zotit:
mos më çliro kurrë prej saj!

***

Gjyshi,
kur detin pa për herë të parë:
"Edhe zogjtë mbijnë
në këtë arë
të madhe blu!".

Pusulla

Shkruar mbi një letër të vjetër:
-Prit vajzën tek treni
-Dërgoi mesazh nanës
-Bli romanin që fitoi çmimin "Goncour"
-Pastro lavamanin e kuzhinës
-Bëji një dhuratë fqinjit
-Uro botuesin
-Projekto pushimet për vitin tjetër
-Shih siguracionin e makinës
-Bli hudhra
-Ujit lulet
-Mos harro çadrën;
bie shi në vendlindje!

Ujkonja

E dashur ujkonjë!

Ti s'i lexo mesazhet e mia,
as statuset me zogj,
në takime s'vjen,
do ndahem nga ty!
Pa ty mbetsha
e hëna që të habit
më lëntë pa sy!
Sytë që s'të shohin ty
s'janë më të tillë.
Ujk i vdekur në përrua,
pa qengj përfundi.
Askush s'ma turbullon ujin
as qiellin.
S'ka qiell, as det pa ty!
Hënës këndoja ninullën e gjumit,
mes gjëmash ujkonjë,
grua e harruar në majë të një guri,
gur që m'peshon në zemër.
s'je as ujkonjë, as femër,
hënë e largët,
ujkonjë që s'lexon mesazhe,
rri e më m'baj të egër!
Nata e hëna janë të tuat,
përroi i ngrirë i imi,
takohemi në akull,
pa çelur agimi.

Kjo është kënga e një ujku që të do!

* * *

Desha të ndërtoj një shtëpi
Me drita brenda
Me lule jashtë
Po ti je më e bukur!
E ndërtuar tashmë si përkryerje

Po banoj në ty!

Shpesh mendoj se vendi ku jetoj
Është më i bukuri në botë
Po ti je më e bukur
Më e përsosur se Zvicra.

Ty t'kam atdhe!

Prej kësaj gjendjeje ngazëlluese
Plot dritë e hijeshi
Them të të shkruaj një poezi
Por ti je tashmë një poemë

Simfoni!

I huaj pa ty

I huaj kudo.
Nuk marr pjesë në ditëlindjet e zogjve,
as të luleve
e vuaj,
pa cicërimat e aromën tënde
ndjehem i huaj.

I huaj në dush e në lumë,
nën shi e në plazh;
uji s'më lag pa kripën tënde.

I huaj për tingujt e ngjyrat,
për baltën e pijetarët e lagjes,
për mjegullën te shkëmbi mbi fshat
e këlyshët e pafat.

I huaj i paftuar në tryezën plot,
në bankë e në metro,
i huaj pa ty kudo,
në ditëlindjen e zogjve, luleve,
pa cicërima, pa aromë,
ftua i rrudhur,
harruar
në një dhomë.

Pa ty,
qielli i ngjan një gardhi
me hunj blu!

* * *

Më merren mendtë prej hijeshisë tënde
anije e dehur lëkundem në pyll

Lulet si në ethe këqyrin të hutuara
fluturat e shëmbëllimit tënd në fund të syve
të mi

Qajnë fjalët e mia
elipsin e puthjes që nuk e meritoj

Kafshimit të ëmbël në buzë
i thyhen zogjtë si kërcej krojesh lëndinave të
qiellit

Anije e dehur në pyll

Një grua si ti hyn në akademinë e Euklidit
edhe pa mësuar gjeometri

"Big brother's eye" na ka filmuar njëherë
duke u puthur
thjerrëzat e kamerës u shkrinë në lot

S'kishte më bukur

Anije e dehur në pyll
dehur prej teje

* * *

Ndala një çast veç me të këqyr:
a je me natë, a je me dritë?
E me të thanë se:
ti linde vonë, shpirt!

I harxhova më kot vitet pa ty
e kur ti erdhe,
të gjithë kënduam një këngë liturgjie:
"Një yll i ri u ngrit në qiell!"
Dhe na rrodhën lot mallëngjimi,
nga hijeshia e bebes,
që do ndërronte ngjyrën e qiejve,
si shenjë,
që bota do bëhej më e bukur.
Më të bukurit sy me qiej e kroje,
me ëmbëlsinë e një muzgu të harruar vonë,
mbi liqene alpine.
E shtrenjta ime,
Ti mëngjeseve mbledh mjegulla mbi ujëra,
vesë mbi bar
e ditëve ecën si hije pyjesh,
e blertë, e freskët,
e shpërbehesh në miliarda pikëla uji e drite.

Çdo strehë sheh në ëndërr ecjen tënde,
muret ndiejnë putrat e buta të maceve
e çatitë mbulohen me bar,
trotuari nuk u trembet më betoniereve të
rënda;
e ka provuar hapin tënd,

më t'ëmblën gjurmë,
i gatshëm të vdesë nën thundrën e makinave
të bashkisë.
E ka jetuar çastin e ëmbël,
jeta s'i duket më asgjë.
Pemët vdesin të të vihen pas,
në një demonstratë klorofili e fotosinteze,
i marrin zogjtë nën sqetull,
edhe muzika duhet të jetë e bukur.
Zogjtë na mësuan të këndojmë,
ti ecën e pylli vjen pas teje.
E ëmbla ime,
ndala një çast të të them se
kështu këndon zemra ime për ty!

* * *

Kam etje me t'pa,
me t'prek,
me të ndie kur qesh,
me të puth,
kudo ku puthet një grua si ti,
me të marr n'gji,
me t'i prekë flokët,
veshët e faqet,
me ta përkëdhel dorën,
e me t'i shtypë butë gishtat.

Tigreshë që më grithë,
kur më këndon një këngë,
kur më çirresh në vesh,
më puth sërish,
më lëpin,
më shtyn.

Bëhesh faqe uji me dritëza,
me hije shelgjesh,
me luspa,
hapesh,
mbyllesh,
ma merr fytyrën mes duarve:
të dua idiot, pa mend e pa flokë!

Burrë i habitshëm,
ndryshe,
i dobët, si të gjithë,
i imi,

i fortë.

E trishtë sekonda kur të njoha,
vullkanike stina e përbashkët,
i pashpërthyer
digjesh brenda.
Paç fat, tullaci im!
Shpërthefsh,
u djegsh,
eja të t'puth edhe pak,
të kafshoj në gjuhë.

Por... unë:
mos folsha më nëse nuk nis me:
të dua, shpirt!
Mos pafsha më ujë e liqene,
nëse nuk janë sytë e tu!
Mos u ngrohsha më kurrë, o zot,
nëse nuk është lëkura jote që më nxeh!
Mos preksha kurrë lule,
në mos qoftë maja e gjirit tënd e para!
Shpirt!
Ti nuk e di akoma sa i marrë jam,
sa prush kam,
sa bukur e dua zemrën e sytë e tu bujarë.
Më duhet durim e pjekuri,
më duhet lartësi e thellësi,
ajër për të fluturuar,
më duhet drita jote,
për të shpalosur ngjyrat e mia,
ti ke bërë mjaft për mua,
ndryshove ngjyrën e qiejve,

e epërme,
e rrallë!
E bëre për mua,
se ti më do,
ç'mund të bësh më shumë për një tokësor si
unë?
Sytë i kam në lot e shpirtin plot,
puthmë shpirt e mëkomë me gji,
të rrëzoj çdo pengesë,
të rri me ty ndërmjet qiejve,
e ëmbla ime e rrallë!

Më dhimbsen lulet, që mbijnë larg vështrimit
tënd;
lule pa fat!

* * *

I çmendur isha,
por jo plotësisht e i pashërueshëm,
sa ditën kur më puthe ti,
si një lule
nën brymë.

Tash e di që s'kam shërim:
këtu jeton një burrë,
një burrë i puthur bukur;

Pa frymë!

***

Shkruaj poezi prej 40 vjetësh. Kjo është përmbledhja e dytë. E para, "Më mori malli, e dashur", botuar më 2005-n, ribotuar dy vjet më vonë në shqip e frëngjisht, pati udhë të bukur.

Megjithatë, ky vëllim s'do kishte dalë në dritë nëse nuk do më nxisnin miqtë. Të parët që i lexojnë poezitë e mia janë Fatmira dhe Bislimi. Pa shtytjen e tyre ky libër s'do ishte shkruar. Por as pa miqtë e mi: Mehmet Elezi, Faruk Myrtaj, Balil Gjini, Mimoza Keta, Irena Gjoni, Jaho Margjeka, Flutura Açka, Enriketa Kalldremxhiu, Shuki Kurti, Elvana Zaimi, Alfons Zeneli, Ilir Kadia, Rezarta Reçi, Shpresa Ismaili, Hamit Aliaj, Sabit Gecaj, Naime Beqiraj, Vaid Hyzoti, Mark Simoni, Alisa Velaj, Alban Bala, Gjin Gjonpali, Muharrem Kurti e sa e sa që nuk i përmenda (e të më falin), që e lexojnë dhe e pëlqejnë poezinë time ndër të parët. U jam mirënjohës!

Falemnderit botuesit tim Dritan Kiçi, që vendosi ta botojë e veçanërisht Ornela Musabelliut, redaktores sime!

Edhe im atë m'i lexonte poezitë.

Disa i pëlqente...

Autori

Sion, 21.03.2022

www.ingramcontent.com/pod-product-compliance
Lightning Source LLC
LaVergne TN
LVHW032012070526
838202LV00059B/6419